AF203410

Dieses Buch kann alleine lesen:

_____

Tolle Fahrzeug-Silben-Geschichten

Silbe für Silbe zum Lese-Erfolg

Liebe Eltern,

Leseanfänger lesen langsam. Sie müssen jedes Wort Buchstabe für Buchstabe, Silbe für Silbe erlesen. Alle Wörter der Geschichten in diesem Band sind in farbigen Silben markiert. Diese kurzen Buchstabengruppen können Leseanfänger schneller erfassen als das ganze Wort.

Bei den markierten Silben handelt es sich um Sprechsilben. Das heißt, die Wörter sind so in Silben aufgeteilt, wie sie gesprochen werden. Die Sprechsilben entsprechen fast immer auch der möglichen Worttrennung, also den Schreibsilben.

Nur bei der Trennung einzelner Vokale gibt es einen Unterschied: Nach den aktuellen Rechtschreibregeln werden einzelne Vokale am Wortanfang oder -ende nicht abgetrennt. Beim Sprechen unterteilen wir solche Wörter jedoch in mehrere Silben, daher sind sie in diesem Band ebenfalls mit unterschiedlichen Farben markiert: Oma, Radio.

Ihnen und Ihrem Kind viel Spaß beim Lesen!

Inhalt

Viel Spaß!

Ein Fall für die Polizei

Eine Geschichte von Petra Wiese
mit Bildern von Jörg Hartmann

Eine verdächtige Beobachtung

„Guck mal", sagt Leo.

Er zeigt zu Radio Meier rüber.

Tim dreht sich um und sieht einen Mann.

Er kommt gerade aus dem Geschäft

von Herrn Meier gerannt.

Unter seiner Jacke guckt ein Kabel hervor.

Der Mann sieht sich rasch um und

verschwindet in der Menge.

„Der hat bestimmt etwas geklaut!",

vermutet Leo.

Der Mann geht die Straße hinunter.

„Wollen wir ihn verfolgen?", fragt Tim.

„Nein, das ist zu gefährlich", meint Leo.

„Was machen wir dann?", fragt Tim.

„Wenn jemand klaut,

dann muss man doch etwas tun!"

Da biegt ein Polizeiauto um die Ecke.

Heute hat Herr Berg mit einer Kollegin

Streifendienst.

Leo kennt den netten Polizisten.

Er wohnt bei ihm nebenan.

Tim und Leo winken,

damit der Streifenwagen anhält.

Das Polizeiauto bremst.

Herr Berg lässt die Scheibe herunter.

„Wo brennt es denn?", fragt er lachend.

Leo erzählt, was sie beobachtet haben.

Herr Berg nimmt seine Polizeimütze ab

und kratzt sich am Kopf.

Jetzt lacht er nicht mehr.

„Was? Schon wieder

so ein dreister Ladendiebstahl?",

fragt die Polizistin.

„Bei Herrn Meier? Der Arme!

Aber diesmal haben wir ja Zeugen.

Vielleicht schnappen wir

den Dieb jetzt."

„Ich frage erst einmal auf der Wache nach",
sagt Herr Berg.
„Vielleicht hat Herr Meier schon eine
Anzeige gemacht."
Herr Berg spricht in sein Funkgerät hinein.
Aus dem Funkgerät krächzt es.
Die Stimme gehört
einem anderen Polizisten.

Das ist der Einsatzleiter.

Er sitzt auf der Wache in der Funkzentrale.

Über Funk ist er mit den Streifenwagen
verbunden.

Auch die Notrufe kommen bei ihm an.

Wenn jemand dringend die Hilfe
der Polizei braucht,
wählt man die Telefonnummer 110.

Der Einsatzleiter schickt dann sofort
einen Streifenwagen.

Herr Berg fragt
über Funk,
ob Herr Meier
einen Diebstahl
gemeldet hat.
„Herr Meier hat gerade
eine Anzeige gemacht.
Bei ihm wurde tatsächlich
ein Radio gestohlen",
berichtet Herr Berg.
Die Polizistin nickt
und kramt ihren Notizblock
und einen Kugelschreiber hervor.
„Dann haben wir also wirklich
einen Dieb gesehen!", ruft Tim.
Leo und Tim sind ganz aufgeregt.
„Siehst du!", ruft Leo.
„Ich hab recht gehabt!"
„Erzählt mir genau, wie der Mann aussah!",
bittet Herr Berg.

„Er hatte kurze blonde Haare.
Und er trug eine Brille", sagt Leo.
„Er war kleiner als Sie und viel jünger.
Er trug eine blaue Jacke und
eine schwarze Hose", weiß Tim.
„Und er hatte Turnschuhe an!",
erinnert sich Leo.
„Das habt ihr aber gut beobachtet",
staunt Herr Berg.
„Das kommt davon,
dass wir so gerne
Detektivgeschichten lesen",
kichert Leo.

„Und Lesen bildet ja bekanntlich!",
ergänzt Tim.
Die Polizistin hat alles ganz genau
aufgeschrieben.
Dann gibt Herr Berg die Beschreibung
über Funk an den Einsatzleiter weiter.
Der Einsatzleiter informiert alle
Streifenwagen in der Nähe,
damit sie Ausschau nach
dem gesuchten Dieb halten.

Leserätsel

Wie sah der Dieb aus?
Kreuze die richtigen Dinge an.

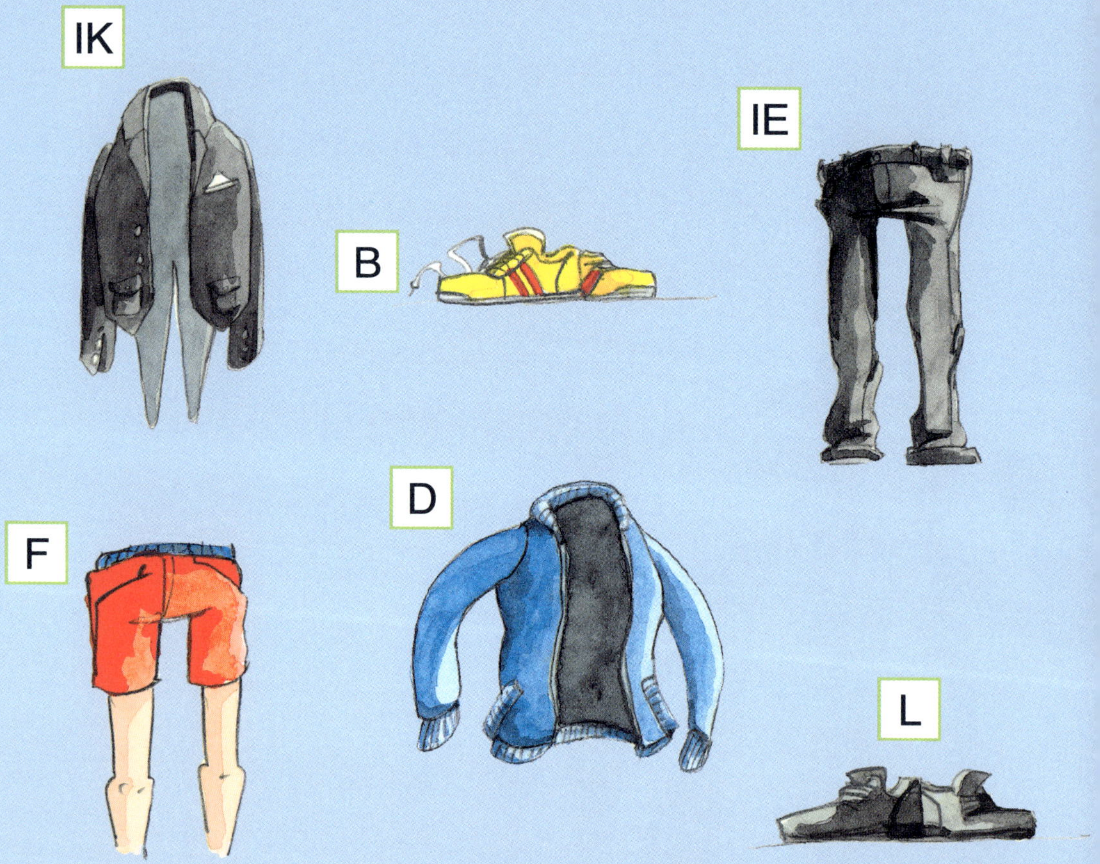

IK

IE

B

F

D

L

Die Buchstaben neben den Sachen
ergeben ein Lösungswort:

—— —— —— ——

18

Wer sitzt in der Funkzentrale?

11	Der Einsatzleiter
22	Der Dieb
33	Frau Berg

Wie nennt man das Polizeiauto,
mit dem Herr Berg unterwegs ist?

1	Punktewagen
0	Streifenwagen
2	Blauwagen

Wenn du die richtigen Ziffern
hier aufschreibst, dann steht da
die Notrufnummer der Polizei:

— — —

Merk sie dir!
Vielleicht brauchst du mal
die Hilfe der Polizei!

Erwischt!

Herr Berg gähnt. Er ist müde.

„Gleich habe ich frei", brummt er.

„Aber es ist doch erst Vormittag",
sagt Leo erstaunt.

„Ich arbeite schon seit Mitternacht",
sagt Herr Berg und gähnt wieder.

„Wirklich?", fragt Tim beeindruckt.

„Ja, wir Polizisten sind Tag und Nacht
im Einsatz.

Dabei wechseln wir uns natürlich ab.

Das nennt man Schichtdienst",
antwortet Herr Berg.

Leo möchte wissen,
ob Herr Berg eine richtige Pistole hat.
„Jeder Polizist hat seine eigene Ausrüstung.
Als Streifenpolizist habe ich das hier dabei:
Schreibzeug, Taschenlampe, Handschellen,
eine schusssichere Weste und die Pistole",
erklärt Herr Berg.
Herr Berg zeigt Leo und Tim seine Pistole.
Er trägt sie in einer Gürteltasche aus Leder
an der Hüfte.

Am liebsten würde Leo sie anfassen.
Aber das darf er nicht.
Waffen sind zu gefährlich.
Aber Polizisten brauchen noch mehr Dinge,
um ihre Arbeit zu machen.
Herr Berg öffnet den Kofferraum
des Streifenwagens.
„Anhaltestab, Verkehrsleitkegel
und Lampen liegen schon
im Funkstreifenwagen bereit.
Außerdem muss ich einen Fotoapparat,
den Alkomaten und ein Handfunkgerät
von der Wache mitnehmen",
sagt Herr Berg.
„Was ist ein Alkomat?",
fragt Leo.

Herr Berg zeigt ihnen den Alkomaten.
„Wenn ein Autofahrer dort hineinpustet,
finde ich heraus,
ob er zu viel Alkohol getrunken hat.
Das kommt nachts leider oft vor",
sagt Herr Berg.
„Ihr glaubt gar nicht,
wie viele Leute betrunken Auto fahren!"

Tim und Leo dürfen auch mal
in den Alkomaten pusten.
„Ihr habt jedenfalls keinen Schnaps
getrunken", lacht Herr Berg.
Schon wieder meldet sich der Einsatzleiter.
Herr Berg antwortet sofort.
Leo und Tim gucken sich gespannt an.
„Dank eurer Beschreibung wurde
der Dieb gerade gefasst.
Das Radio hatte er noch dabei.
Toll gemacht!", sagt Herr Berg.

24

„Was passiert mit dem Dieb?", fragt Tim.
„Der Kollege nimmt ihn mit zur Wache.
Dort werden seine Personalien –
also Name und Adresse – überprüft",
erklärt die Polizistin.
„Mit dem Computer finden wir heraus,
ob ein Dieb bereits gesucht wird.
Oder ob er schon einmal
etwas gestohlen hat."

Das Funkgerät krächzt wieder.
Es ist noch einmal der Einsatzleiter.
Leo und Tim lauschen neugierig,
aber sie verstehen nicht viel.
„Ich habe eine gute Nachricht",
sagt Herr Berg dann.
„Herr Meier gibt euch eine Belohnung!
Er hat sich sehr gefreut,
dass der Diebstahl so schnell
aufgeklärt werden konnte.
Und wir müssen jetzt los:
Ein Unfall muss aufgenommen werden.
Tschüss – und vielen Dank für die Hilfe!"
Auch die Polizistin winkt ihnen zu:
„Danke für die gute Zusammenarbeit!"
Schnell springen die beiden
in den Streifenwagen.

Das Auto braust mit Blaulicht los.
„Es ist ganz schön spannend,
ein Polizist zu sein",
meint Tim.
„Stimmt", antwortet Leo.
„Später werde ich auch mal Polizist!"
„Aber erst holen wir
unsere Belohnung ab",
sagt Tim.

Leserätsel

Womit stellt Herr Berg fest,
ob ein Autofahrer zu viel getrunken hat?

- ☐ Mit einem Pustomaten
- ☐ Mit einem Automaten
- ☐ Mit einem Alkomaten

Streiche die Gegenstände durch,
die Herr Berg nicht bei seiner Arbeit braucht!

Z	Pistole	O	Funkgerät
B	Rad	L	Schreibzeug
F	Radio	I	schusssichere Weste
S	Schwimmweste	P	Alkomat
E	Taschenlampe	I	Handschellen

Wenn du die übrig gebliebenen Buchstaben
in die richtige Reihenfolge bringst,
erhältst du ein Lösungswort:

— — — — — — —

Was sind Personalien?

Z   Kleider- und Schuhgröße einer Person

B   Name und Adresse einer Person

F   Das Gewicht einer Person

Wohin bringen die Polizisten
den Dieb zuerst?

ER   Auf die Wache

OS   Ins Gefängnis

XY   Vor Gericht

Womit kann ein Polizist feststellen, ob ein
Dieb schon einmal etwas gestohlen hat?

M   Mit der Playstation

G   Mit dem Computer

U   Mit dem Funkgerät

Wenn du es richtig gemacht hast,
dann ergeben die Lösungsbuchstaben
den Namen eines netten Streifenpolizisten:

— — — —

29

Infoseite
Diese Dinge braucht ein Streifenpolizist:

Schlagstock

Alkomat

Nissenleuchte

Handschellen

Funkgerät

Absperrband

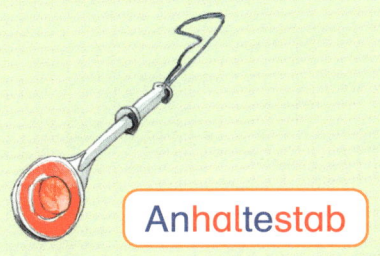
Anhaltestab

Kaffeebecher

Verkehrsleitkegel
(Lübecker Hütchen)

Fotoapparat

Kugelschreiber

Taschenlampe

POLIZEI
MS 110

31

S. 18/19:
Das Lösungswort lautet DIEB.
Der Einsatzleiter sitzt in der Funkzentrale.
Herr Berg ist im Streifenwagen unterwegs.
Die Notrufnummer der Polizei ist die 110.

S. 28/29:
Herr Berg arbeitet mit einem Alkomaten.
Das braucht Herr Berg nicht bei der Arbeit:
Rad,
Radio,
Schwimmweste.
Das Lösungswort lautet POLIZEI.

Personalien sind Name und Adresse einer Person.
Polizisten bringen den Dieb auf die Wache.
Die Polizei schaut im Computer nach.
Der Name des netten Streifenpolizisten
lautet BERG.

Lösungen

Anton fährt Traktor

Eine Geschichte von Antje Schwenker
mit Bildern von Christian Zimmermann

Immer Ärger mit dem Traktor

Anton wirft seinen Ranzen
auf die Bank vor dem Haus
und läuft zu Opa Hans.
Mit einem Schraubenschlüssel
in der Hand steht der neben
dem alten Traktor.
„Was ist es diesmal?",
fragt Anton.
„Die Zapfwelle", stöhnt Opa.
„Gib mir mal die Zange
und den großen Hammer!"

Anton mag es,
neben Opa zu sitzen
und Traktor zu fahren.
Nach der Schule
rattern sie oft gemeinsam
über die Felder.
Der Bruder von Anton
heißt Steffen.
Er ist schon 16 Jahre alt.
Gerade hat er seinen
Traktor-Führerschein gemacht.
Den hätte Anton auch gerne.

Anton holt ein Bund Möhren,
das in einem Korb liegt.
Er geht zum Kaninchenstall.
Sein Kaninchen Aurora sieht ihn
mit großen Augen an.
Es hat ein weißes, weiches Fell.
„Keine passende Schraube!",
schimpft Opa hinter dem Traktor.
„Anton, bringst du mir mal
die Werkzeugkiste, bitte!"

„Wie schnell fährt der Traktor?",
fragt Anton mit der Werkzeugkiste
in der Hand.
„Na, so 30 Kilometer pro Stunde
ohne Anhänger", meint Opa.
Sein blauer Overall sieht heute
ziemlich dreckig aus.
„Diese Schraube passt, oder?",
fragt Anton.
„Volltreffer!"
Opa strahlt
über das ganze Gesicht.

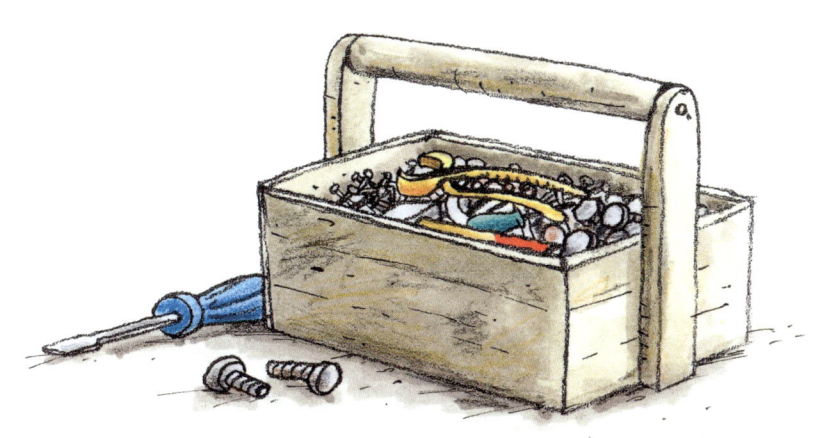

Leserätsel

Was repariert Opa Hans?

- [ ] Ein Burgtor
- [ ] Ein Fußballtor
- [ ] Einen Traktor
- [ ] Ein Garagentor

Und womit repariert er?

- [ ] Mit Hammer und Zange
- [ ] Mit Schraubenzieher und Hammer
- [ ] Mit Schraubenschlüssel und Zange

40

Wie **schnell** fährt **der Traktor?**

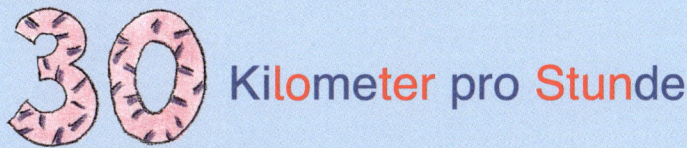

30 Kilometer pro Stunde

20 Kilometer pro Stunde

15 Kilometer pro Stunde

Welches Kaninchen ist Aurora? Kreise ein!

Kaninchen in Gefahr

Anton hilft Opa,
das Werkzeug in
die Werkzeugkiste zu packen.
„Nun wollen wir mal sehen,
ob der Traktor wieder fährt",
sagt Opa.
Er setzt sich hinter das Lenkrad,
dreht den Schlüssel um,
löst die Handbremse
und rollt langsam los.
„Komm, steig auf!",
ruft Opa gut gelaunt.

42

Anton klettert hinter das Lenkrad.
Sie fahren am Kuhstall vorbei
und um den großen Misthaufen.
Anton passt genau auf,
wann Opa das Gaspedal und
die Bremse benutzt.
In der Ferne hört man die Sirene
eines Feuerwehrautos.

„Hans, ein Notfall!",
ruft Antons Mutter.
„Komm ans Telefon, schnell!"
Opa hält sofort an.
Er dreht den Schlüssel um
und springt mit Anton vom Traktor.
„Bin gleich wieder da!",
ruft er und verschwindet im Haus.
Doch was ist das?
Plötzlich rollt der Traktor
ganz langsam los.

Genau auf den Kaninchenstall zu!

„Aurora!" ist Antons erster Gedanke.

Schnell rennt er zum Kuhstall.

„Steffen! Steffen!", ruft er.

„Der Traktor!

Er rollt auf den Kaninchenstall zu!

Opa hat die Handbremse

nicht angezogen!"

Leserätsel

Löse das Kreuzworträtsel:

Lösungswort:

__ __ __ __ __ __ __ __ __ __

Opa Hans und Anton wollen aufs Feld
fahren. Zeige ihnen den richtigen Weg!

Rettung in letzter Sekunde

Aus dem Kuhstall kommt

keine Antwort.

Anton rast zum Kaninchenstall.

Er öffnet die Tür und

scheucht die Kaninchen raus.

Aurora nimmt er auf den Arm.

Der Traktor rollt immer näher!

Steffen kommt mit der Mistgabel

in der Hand aus dem Kuhstall.

48

In seinen Ohren stecken
die Kopfhörer seines MP3-Players.
Anton reißt ihm die Kopfhörer
vom Kopf.
Er zeigt auf den Traktor.
Schnell springt Steffen
hinter das Lenkrad
und stoppt das Monster.
Inzwischen ist auch Opa da.
„Oh nein", stöhnt er.
Das Blumenbeet ist platt
wie eine Briefmarke.

„Da haben wir aber Glück gehabt.
Du hast toll reagiert, Anton!"

Opa wuschelt Anton
kräftig durch die Haare.
Im Gesicht ist er ganz weiß.
Fast so weiß wie Aurora.
„Mist! Die Kaninchen!",
ruft Anton aufgeregt.
Eilig fangen Opa, Anton und Steffen
die verschreckten Kaninchen ein.

50

„Zur Belohnung darfst du
eine Runde Traktor fahren!",
sagt Opa und grinst.
„Steffen setzt sich neben dich.
Hier ist der Schlüssel.
Aber kein Wort zu eurer Mutter.
Um das platte Blumenbeet
kümmere ich mich später."
Und schon sitzt Opa
auf der Bank.

Glücklich klettert Anton
auf den Traktor und setzt sich
hinter das Lenkrad.
Plötzlich ist der Traktor
gar kein Monster mehr.
Anton dreht den Schlüssel um.
Vorsichtig tritt er auf das Gaspedal.
Am Anfang ruckelt der Traktor,
aber dann klappt es ganz gut.
Langsam fährt Anton
am Zaun entlang.

„Das machst du nicht schlecht",
ruft Opa stolz.
Anton grinst zufrieden.
Am Zaun steht Paula.
Sie ist Antons beste Freundin.
Paula traut ihren Augen kaum:
Anton fährt Traktor!

Infoseite
So sieht ein Traktor aus:

Auspuff

Tank

Motor

Lenkrad

Getriebe

Scheinwerfer

Trittleiter

Vorderrad

Schutzblech

54

Vorderachse

Rückspiegel

Tür

Kabine

Anhängerkupplung

Zapfwelle

Hubwerk

Hinterrad

Hinterachse

55

S. 40 / 41:

Opa Hans repariert einen Traktor.
Mit Hammer und Zange
Der Traktor fährt 30 Kilometer pro Stunde.

S. 46 / 47:

```
    H A M M E R
    K A N I N C H E N
        S C H R A U B E
  T R A K T O R
F E U E R W E H R A U T O
  K U H S T A L L
      H A U S
    T E L E F O N
S C H L Ü S S E L
    L E N K R A D
```

Das Lösungswort lautet MISTHAUFEN.

Das beste Fahrrad der Welt

Eine Geschichte von Manuela Mechtel
mit Bildern von Gerhard Schröder

Ein besonderes Geschenk

Niko wünscht sich ein Mountainbike.

Schon lange!

Sonst will er nichts.

Keinen Fußball,

keine neue Spielekonsole,

nur ein Mountainbike.

Gestern war sein Geburtstag.

Auf dem Tisch stand

ein Geburtstagskuchen.

Aber kein einziges Geschenk.

Niko hat sich gewundert.

Er hat die sieben Kerzen
auf seinem Geburtstagskuchen
ausgepustet.
Dann sollte er die Augen zumachen.
Und plötzlich stand vor ihm
ein nagelneues Mountainbike.
Mit einem Tacho und mit 21 Gängen!
Am Lenker baumelte dann
auch noch ein Geschenk.

Darin war ein feuerroter Fahrradhelm.
Niko hat sich sehr gefreut.
So tolle Geschenke!
Sein Papa hat ihm stolz
das tiefe Profil der Reifen,
die Federgabel und die Federung
unter dem Sattel gezeigt.
„Damit kannst du über
Stock und Stein fahren",
hat er gesagt.

Genau das übt Niko heute.
Der feuerrote Fahrradhelm sitzt
fest auf seinem Kopf.
Wenn er den Lenker hochreißt,
springt das Mountainbike.
Die Kunst dabei ist,
nicht aus dem Sattel zu fliegen.
Niko fährt in den Wald.
Den steilen Weg dorthin
schafft er im 3. Gang.

Leserätsel

Kreuze die richtigen Antworten an.

Wie alt war Niko vorgestern?

S   7 Jahre

P   6 Jahre

T   8 Jahre

Was setzt sich Niko auf den Kopf?

A   Einen Hut

E   Einen Fahrradhelm

O   Eine Krone

U   Ein Vogelnest

Das Mountainbike von Niko hat

D	einen Tacho.
N	einen Kofferraum.
T	einen Motor.
A	eine Federgabel.
R	ein Ruder.
L	eine Gangschaltung.

Die Buchstaben neben den richtigen
Antworten ergeben ein Lösungswort:

— — — — —

Was ist das?

Ein R __ __ F __ __ P __ __ __ __ L .

Niko macht das schon

Am Waldrand sieht Niko
seinen Nachbarn Udo.
Er geht mit seinem Hund spazieren.
Niko tritt in die Pedale.
Kleine Steine fliegen zur Seite,
als er vor Udo anhält.
Udo fällt das neue Mountainbike
gar nicht auf.
„Lilo ist weg",
sagt er aufgeregt.

Er holt sein Handy
aus der Tasche.
Dabei rutscht ihm die Hundeleine
aus der Hand.
„Fido!", schreit Udo.
So heißt sein Hund.
Wie eine Rakete zischt
Fido den Weg entlang.
„Jetzt haut auch noch
der Hund ab", stöhnt Udo.

„Ich mach das schon!",
ruft Niko.
Er sprintet mit seinem Mountainbike
hinter dem Hund her.
Fido hat einen ganz schönen Zahn drauf.
Der Tacho zeigt schon 31 km/h!
Aber da biegt der Hund
auf einen schmalen Weg ab.

Niko bremst und flitzt,
so schnell er kann, hinterher.
Morsche Stöcke zerbrechen
unter seinen Reifen,
als er darüber fährt.
Der Hund bellt. Aber wo?
Niko hat ihn aus den Augen verloren.

Leserätsel

Wen **trifft** Niko am **Wald**rand?

☐ Uli   ☐ Udo

☐ Ida   ☐ Ali

Wer **ist** hier **verborgen?**

Male alle Felder mit **einem Punkt** aus.

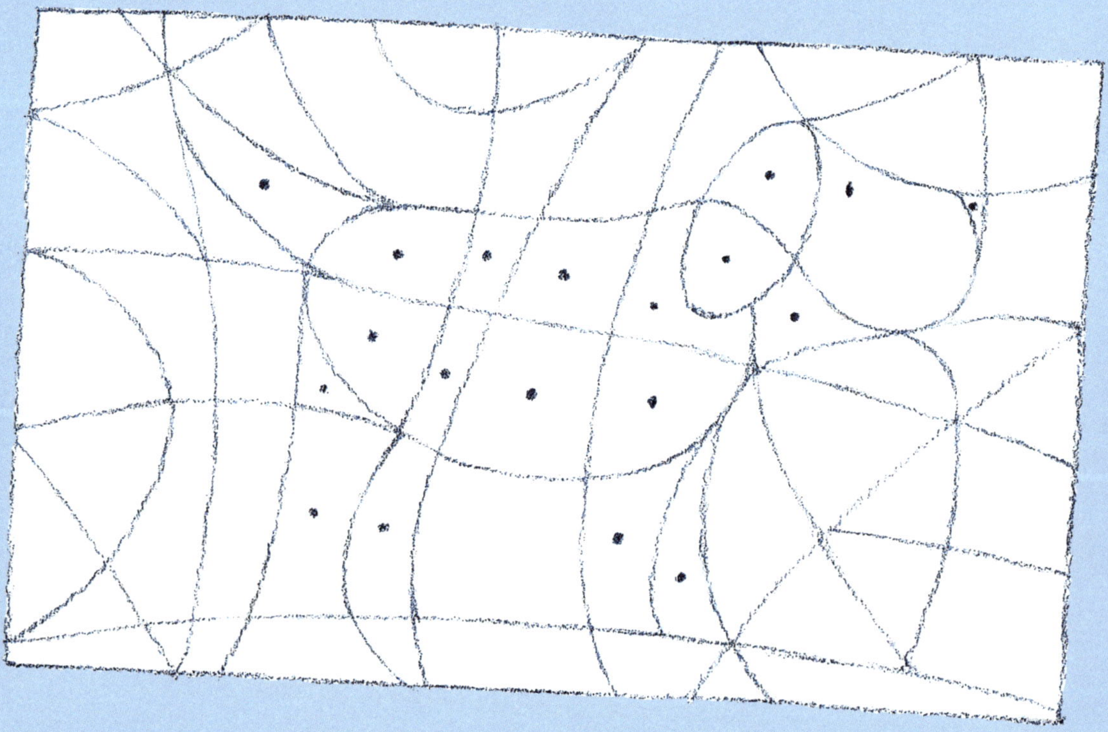

Was zeigt ein Tacho an?

A   Die Uhrzeit

H   Die Temperatur

O   Die Geschwindigkeit

T   Das Gewicht von Niko

U   Die Jahreszeit

Trage den Buchstaben neben der
richtigen Antwort ein:
Fidos Frauchen heißt L I L __.

Wie kommt Niko zu Fido?

Gerettet!

Niko folgt dem Bellen von Fido.

Ein umgekippter Baumstamm liegt

mitten auf dem Weg.

Niko springt mit seinem

Mountainbike darüber.

Die Federgabel federt

den Sprung gut ab.

Dann hört Niko

eine Stimme: „Fido!"

Der Weg macht eine Kurve.
Niko bremst scharf!
Lilo liegt auf dem Boden.
Der Hund hört auf zu bellen.
„Was für ein Glück,
dass du kommst, Niko!
Ich bin beim Joggen
über einen Stock gestolpert.
Mein Bein hat laut gekracht
und mit dem Kopf bin ich
auf einen Stein gefallen",
erzählt Lilo.

Sie hat eine Beule am Kopf.
Vorsichtig fasst sie
mit der Hand daran.
„Dann weiß ich nichts mehr.
Ich bin aufgewacht,
als mein Handy geklingelt hat.
Irgendwo da."
Lilo zeigt auf die Büsche.
In dem Moment klingelt es wieder!
Fido saust in die Büsche.

Niko lacht, als der Hund
mit dem Handy im Maul zurückkommt.
Lilo nimmt es in die Hand.
Udo ist dran.
„Ich bin im Wald hingefallen,
Liebling", sagt Lilo.
„Mein Bein ist gebrochen.
Aber Niko ist bei mir.
Und der Hund!"

Udo ruft sofort
einen Notarztwagen.
Niko fährt zurück zu Udo,
so schnell er kann.
Durch den Wald über
Stock und Stein,
die Hände fest am Lenker.
Dann führt er Udo und
die Sanitäter zu der Stelle,
wo Lilo mit Fido wartet.
Die Sanitäter legen Lilo
auf eine Trage.

„Ohne Niko und
sein Mountainbike
hätte ich dich nie gefunden",
sagt Udo erleichtert.
„Auch nicht ohne
diesen klugen Hund",
lächelt Lilo.
Stolz nimmt Niko die Hundeleine
in die Hand und steigt
auf sein Mountainbike.

Infoseite
So sieht das Mountainbike von Niko aus:

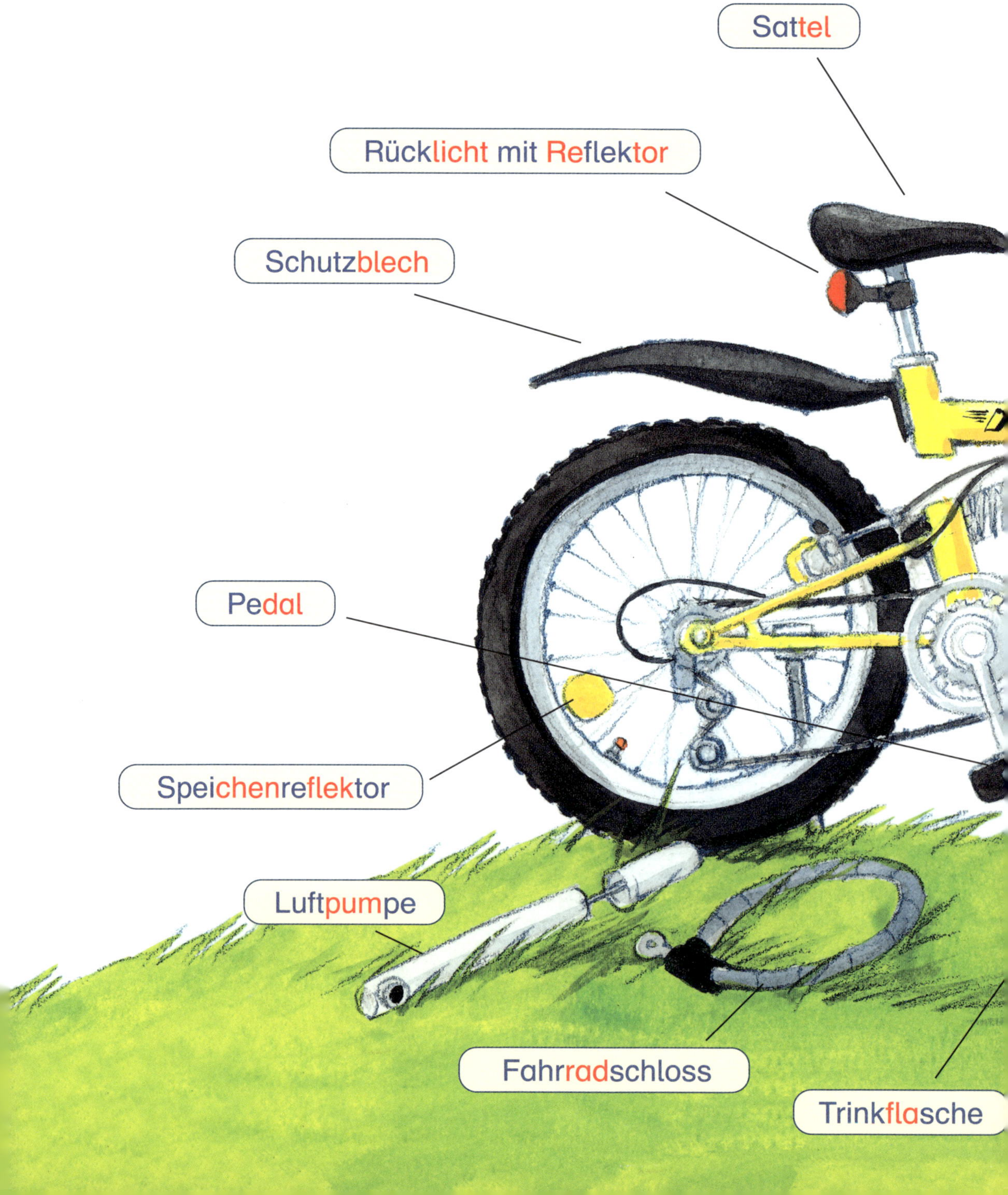

Sattel

Rücklicht mit Reflektor

Schutzblech

Pedal

Speichenreflektor

Luftpumpe

Fahrradschloss

Trinkflasche

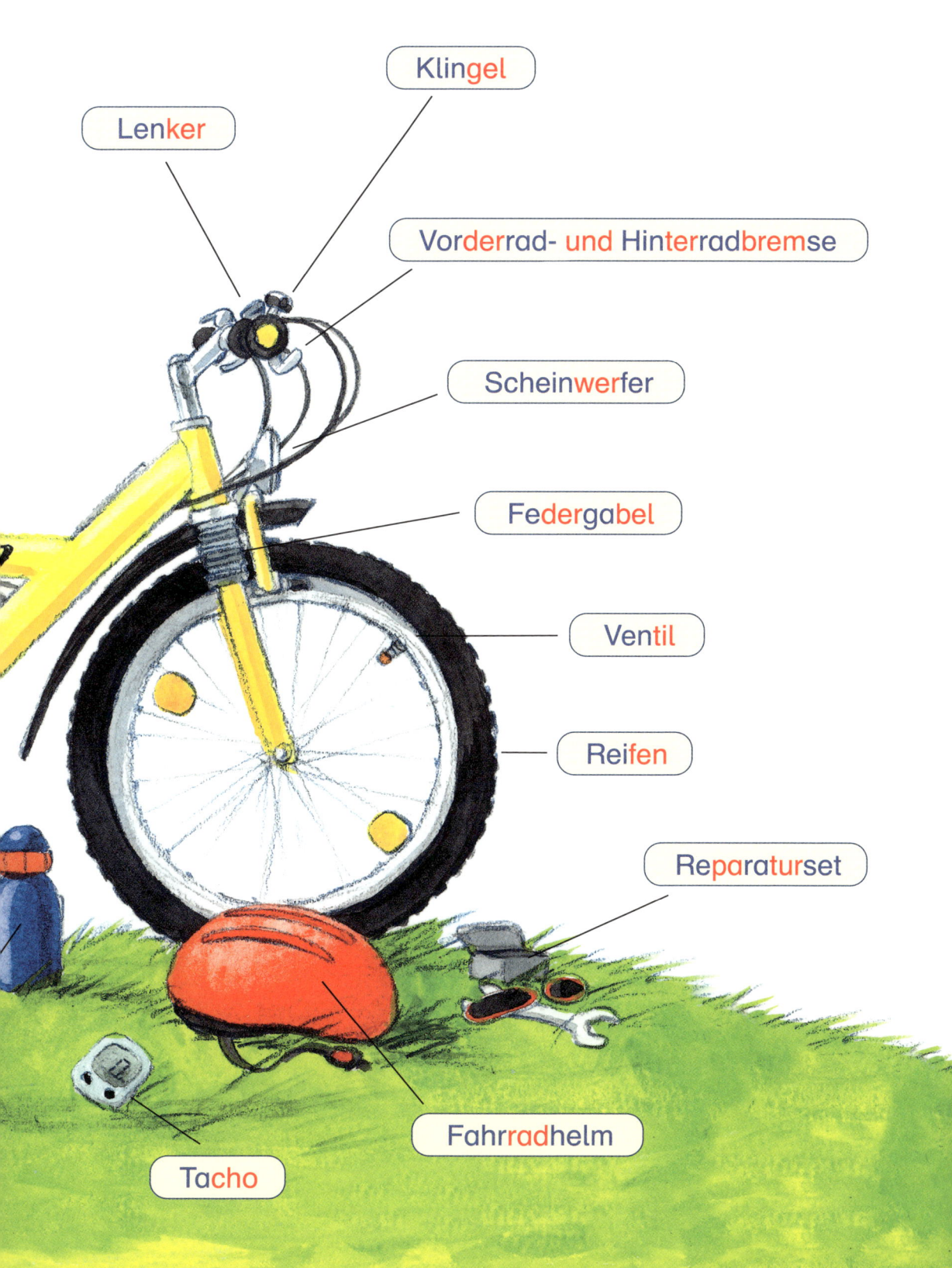

Klingel

Lenker

Vorderrad- und Hinterradbremse

Scheinwerfer

Federgabel

Ventil

Reifen

Reparaturset

Fahrradhelm

Tacho

Lösungen

S. 70/71:

Niko trifft Udo im Wald.
Fido ist auf dem Bild.
Der Tacho zeigt
die Geschwindigkeit an.
Fidos Frauchen heißt LILO.

S. 64/65:

Vorgestern war Niko 6 Jahre alt.
Niko setzt sich einen Fahrradhelm auf den Kopf.
Das Mountainbike von Niko hat einen Tacho,
eine Federgabel und eine Gangschaltung.
Das Lösungswort lautet PEDAL.
Ein REIFENPROFIL.

Lesen lernen mit der Lesemaus

Liebe Eltern,

alle Kinder wollen lesen lernen. Sie sind von Natur aus wissbegierig. Diese Neugierde Ihres Kindes können Sie nutzen und das Lesenlernen frühzeitig fördern. Denn Lesen ist die Basiskompetenz für alles weitere Lernen. Aber Lesenlernen ist nicht immer einfach. Es ist wie mit dem Fahrradfahren: Man lernt es nur durch Üben – also durch Lesen.

Lesespaß mit Lesepass

Je regelmäßiger Ihr Kind übt, desto schneller und besser wird es das Lesen beherrschen. Eine schöne Motivation kann dabei ein Lesepass sein, den Sie zusammen mit Ihrem Kind basteln können.
Vereinbaren Sie mit ihm eine kleine Belohnung, die es für eine bestimmte Anzahl an Trainingsminuten gibt. Eine Leseeinheit können zum Beispiel 10 Minuten sein. Für jede Leseeinheit gibt es einen Sammelpunkt – und nach einer zu vereinbarenden Anzahl von Punkten dann die kleine Belohnung.

Wie können Sie Ihr Kind beim Lesenlernen unterstützen?

Je positiver Kinder das Lesen erleben, desto motivierter sind sie, es selbst zu lernen. Versuchen Sie, Ihrem Kind

ein Vorbild zu sein. Zeigen Sie Ihrem Kind, dass Lesen und Schreiben zum Alltag gehören. Etablieren Sie gemeinsame Leserituale. So erfährt Ihr Kind: Lesen macht Spaß!

Lesen Sie Ihrem Kind mindestens bis zum Ende der Grundschulzeit vor. Auch wenn Ihr Kind zunehmend eigenständig liest, bleibt das Vorlesen ein schönes und sinnvolles Ritual.

Lesen lernen mit der Lesemaus

Jedes Kind lernt unterschiedlich schnell lesen. Orientieren Sie sich bei der Auswahl von Erstlesebüchern daher an den Interessen und Lesefähigkeiten Ihres Kindes. Die Geschichten sollen Ihr Kind fordern, aber nicht überfordern. Die Lesemaus zum Lesenlernen bietet spannende und leicht verständliche Geschichten für Leseanfänger. Altersgerechte Illustrationen helfen, das Gelesene zu verstehen.

Mit lustigen Leserätseln können die Kinder ihre Lernerfolge spielerisch selbst überprüfen. Außerdem gibt es in jedem Band interessante Sachinfos für Jungen und Mädchen.

Ihnen und Ihrem Kind viel Spaß beim Lesen!

Lesenlernen mit Spaß

978-3-551-06638-1

978-3-551-06642-8

978-3-551-06645-9

978-3-551-06651-0

978-3-551-06654-1

Die besten Fußball-Silben Geschichten

978-3-551-06644-2

Die spannendsten Piraten-Silben-Geschichten

978-3-551-06646-6

Das große Jungs-Buch zum Lesenlernen

978-3-551-06620-6

Die schönsten Pferde-Silben-Geschichten

978-3-551-06649-7

Silben-Geschichten für Mädchen zum Lesenlernen

978-3-551-06643-5

Die schönsten Prinzessinnen-Silben-Geschichten

978-3-551-06650-3

CARLSEN

www.carlsen.de

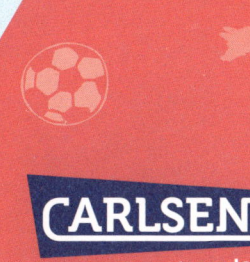

Mit Conni

Noch mehr Lesespaß!

978-3-551-18960-8

978-3-551-18937-0

978-3-551-18792-5

978-3-551-18791-8

Mit der Schule der magischen Tiere

978-3-551-65592-9

978-3-551-65591-2

978-3-551-65593-6

Mit der Lesemaus

Das große Silben-Buch zum Lesenlernen

978-3-551-06641-1

Die besten Ferien-Silben-Geschichten

978-3-551-06648-0

Die spannendsten Ritter-Silben-Geschichten

978-3-551-06652-7

Die schönsten Freundinnen-Silben-Geschichten

978-3-551-06653-4

Mit Minecraft

Zombies – bis der Arzt kommt!
Heiko Wolz
André Sedlaczek

978-3-551-06844-6

Monster – bis zum Umfallen!
Heiko Wolz
André Sedlaczek

978-3-551-06845-3

Drachenrache – bis zum Ende!
Heiko Wolz
André Sedlaczek

978-3-551-06846-0

Ungeheuer – bis zum Untergang!
Heiko Wolz
André Sedlaczek

978-3-551-06847-7

Bösewichte – bis zum Abwinken!
Heiko Wolz
André Sedlaczek

978-3-551-06848-4

Am Meer

Felix und sein Papa

machen Urlaub am Meer.

Die Sonne scheint ganz warm.

Felix geht jeden Tag

an den Strand.

Er sucht Muscheln und

baut eine Sandburg.

„Morgen wandern wir!",

sagt Papa.

Felix freut sich.

Im Bett schläft er schnell ein.

Am nächsten Morgen

ist Felix ganz früh wach.

Er packt seinen blauen Rucksack.

Ein Fernglas nimmt er auch mit.

Seine gelben Gummistiefel

leuchten im Watt.

Ein Krebs läuft schnell ins Wasser.

Felix findet viele Muscheln, Schnecken

und sogar einen Seestern.

Er sammelt alles

in seinem Kescher.

Leserätsel

Was baut Felix am Strand?

S — Einen Sandkuchen

U — Eine Sandale

M — Eine Sandburg

R — Ein Sandwich

Was braucht Felix für seinen Ausflug?

A — Kartoffel-
E — Ruck-

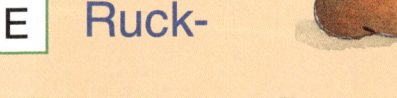

E — Fern-
T — Trink-

Z — Reit-
R — Gummi-

Die Buchstaben neben allen richtigen
Antworten verraten dir, wo Felix
Urlaub macht: am __ __ __ __.

Wie kommt der Seehund zum Fisch?

Die **L E S E M A U S** ist eine eingetragene Marke des Carlsen Verlags.

Sonderausgabe im Sammelband
© 2023 Carlsen Verlag GmbH, Völckersstraße 14–20, 22765 Hamburg
ISBN: 978-3-551-06661-9
Umschlagillustration: Jörg Hartmann
Illustrationen Vorsatz: Manuela Mechtel
Illustration der Lesemaus: Hildegard Müller
Umschlagkonzeption: Gunta Lauck
Lektorat: Constanze Steindamm
Satz: Karin Kröll
Lithografie: ReproTechnik Fromme, Hamburg

Wir behalten uns die Nutzung unserer Inhalte für Text und Data Mining
im Sinne von § 44b UrhG ausdrücklich vor.

Ein Fall für die Polizei
© Carlsen Verlag GmbH, Hamburg 2005

Anton fährt Traktor
© Carlsen Verlag GmbH, Hamburg 2007

Das beste Fahrrad der Welt
© Carlsen Verlag GmbH, Hamburg 2006

Alle Bücher im Internet: www.lesemaus.de
Newsletter mit tollen Lesetipps kostenlos per E-Mail: www.carlsen.de